emoji™
THE ICONIC BRAND

BACKEN

Gebackene Emojis für jede Stimmungslage

W0083299

INHALT

VORWORT

Emoji – ein  !

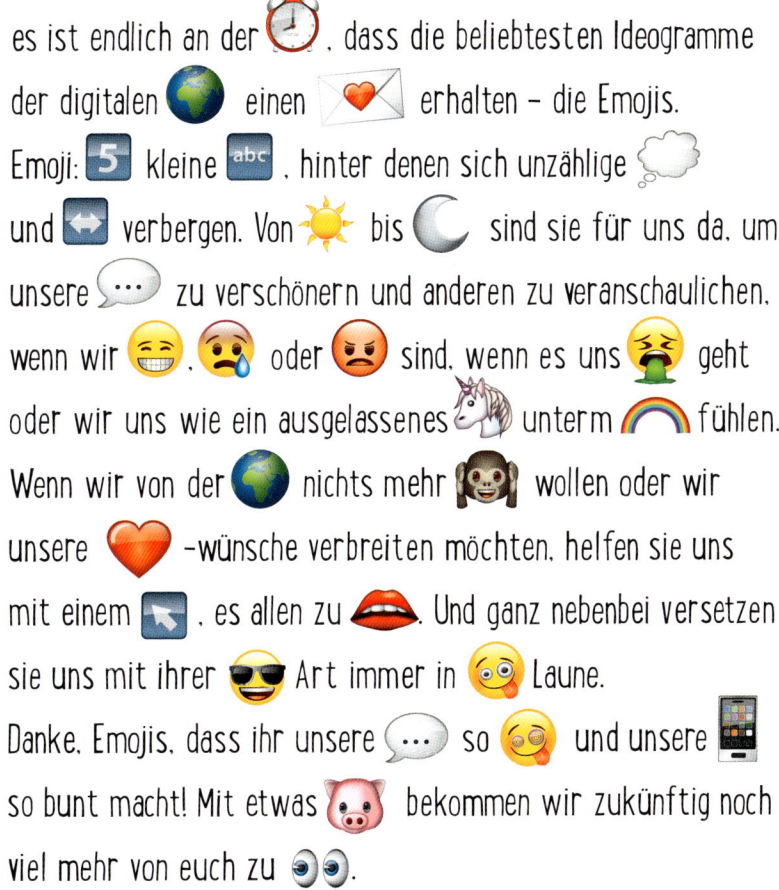

es ist endlich an der ⏰, dass die beliebtesten Ideogramme der digitalen 🌍 einen 💌 erhalten – die Emojis. Emoji: 5️⃣ kleine 🔤, hinter denen sich unzählige 💭 und ↔️ verbergen. Von ☀️ bis 🌙 sind sie für uns da, um unsere 💬 zu verschönern und anderen zu veranschaulichen, wenn wir 😁, 😥 oder 😠 sind, wenn es uns 🤮 geht oder wir uns wie ein ausgelassenes 🦄 unterm 🌈 fühlen. Wenn wir von der 🌍 nichts mehr 🙉 wollen oder wir unsere ❤️ -wünsche verbreiten möchten, helfen sie uns mit einem 🔼, es allen zu 👄. Und ganz nebenbei versetzen sie uns mit ihrer 😎 Art immer in 🤪 Laune.
Danke, Emojis, dass ihr unsere 💬 so 🤪 und unsere 📱 so bunt macht! Mit etwas 🐷 bekommen wir zukünftig noch viel mehr von euch zu 👀.

I like!

SOMMER,
SONNE,
°○○
blubb

URLAUBSFEELING

ZUTATEN FÜR 20 KEKSE

grundrezept für kekse # abgeriebene schale einer bio-zitrone # runder ausstecher (ø 7.5 cm) # 400 g fondant. davon 200 g in gelb. 50 g in blau. 50 g in schwarz. 40 g in braun. 30 g in rot und 30 g in weiß # lebensmittelfarbpaste in gelb. blau. grün und braun # zuckerkleber # feiner pinsel

VORLAGEN SEITE 40

den keksteig (siehe seite 34) mit der zitronenschale verkneten und ca. 0,5 cm dick ausrollen. anschließend fertigst du gemäß der vorlagen schablonen von den emojis an, legst sie auf den teig und schneidest die umrisse mit einem scharfen messer aus. die kekse backen und auskühlen lassen.
in der zwischenzeit machst du noch einmal schablonen für die einzelnen elemente (sonnenbrille, mund, taucherbrille, schnorchel etc.).

ok, und wie geht's weiter?

nun den gelben fondant dünn ausrollen und kreise für das gesicht ausstechen. dann die sonne nach vorlage ausschneiden. den fondant mit zuckerkleber auf den keksen befestigen.

das sieht schon richtig nach urlaub aus!

jetzt fehlen noch die details. die konturen der sonne malst du mit gelber lebensmittelfarbpaste und einem pinsel nach. für die palmen die einzelnen elemente aus farblich passendem fondant zuschneiden und mit zuckerkleber aufkleben. die details malst du ebenfalls mit lebensmittelfarbpaste auf. zuletzt die blätter mit einem scharfen messer leicht einschneiden, um ihnen noch etwas kontur zu geben.
für den emoji mit sonnenbrille alle teile gemäß der vorlage aus fondant zuschneiden und fixieren. beim taucher ebenfalls alle details farblich wie auf dem bild zu sehen vorbereiten. dann zuerst den mund, danach den schnorchel, dann die schwarzen bänder und zum schluss die taucherbrille mit zuckerkleber auf dem gesicht befestigen. mit blauer lebensmittelfarbpaste und einem feinen pinsel den umriss der taucherbrille, die augen und die augenbrauen aufmalen. fertig!

ich bin platt. urlaubsfeeling pur!

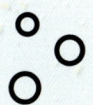

SÜSSER  KATZENJAMMER

ZUTATEN FÜR CA. 30 CAKE POPS

grundrezept für ½ rührkuchen # 2-3 EL marmelade. gelee oder nussnougatcreme # 100 g fondant # 300 g candymelts in gelb # 1 portion royal icing. davon ¼ in weiß. ¼ in schwarz. ¼ in rot und ¼ in blau # 30 cake pop-stiele # cake pop-ständer (oder styropor®-block) # spritzbeutel mit kleiner lochtülle (ø 2 mm) # zahnstocher

VORLAGEN SEITE 41

backe den rührkuchen (siehe seite 34) und zerkrümle ihn anschließend mit den händen. die brösel mit marmelade, gelee oder nussnougatcreme verkneten, zu ca. 25 g schweren kugeln formen und für 30 minuten in den kühlschrank stellen.

zerkrümeln klingt gut!

in der zwischenzeit rollst du den fondant 3 mm dick aus und schneidest mit einem scharfen messer sechzig dreiecke mit einer kantenlänge von 5 mm zurecht. diese bilden später die ohren. aus dem restlichen fondant zwanzig 0,5 cm dicke und 3 cm lange würste formen und jeweils das untere drittel zur seite biegen. das werden die pfoten.

alles klar, und dann?

die candymelts nach packungsanleitung schmelzen und die cake pop-stiele 1 cm weit darin eintauchen, bevor du sie in die gekühlten kugeln steckst. stecke die cake pops in den ständer und bringe dann auf jeder kugel mithilfe der geschmolzenen candymelts zwei ohren an. die pfoten genauso an einem drittel der cake pops anbringen.

jetzt tauchst du die kätzchen in die geschmolzenen candymelts. den überschuss vorsichtig abtropfen lassen und zum trocknen wieder in den ständer stecken.

klingt gar nicht so schwer.

zum schluss malst du mit dem royal icing noch die gesichtszüge der katzen auf. für besonders feine elemente wie die schnurrhaare und die augenbrauen tauchst du einen zahnstocher in etwas icing und benutzt ihn wie einen stift.

ich sag nur: miau!

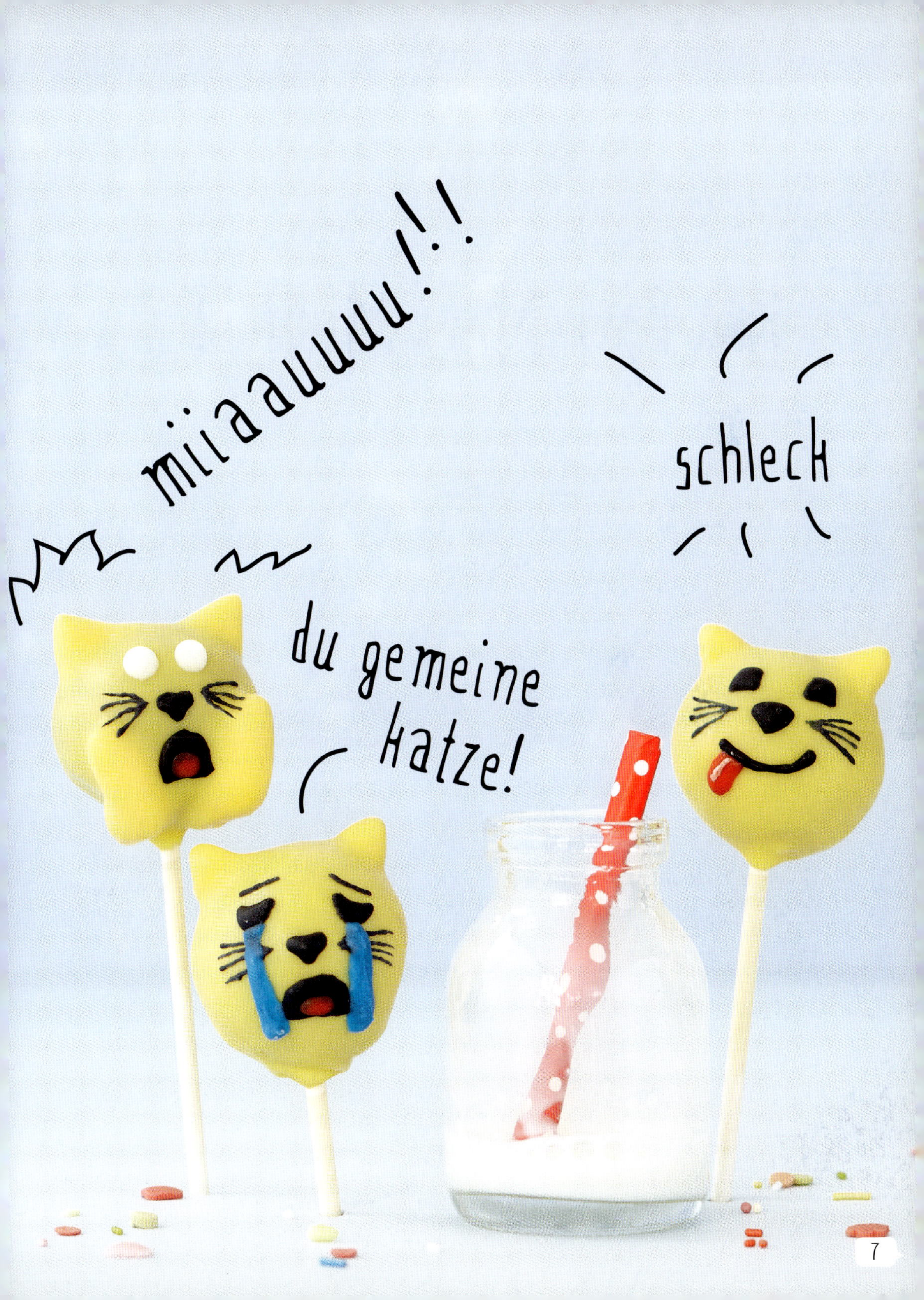
miiaauuuu!!!
du gemeine Katze!
schleck

DES EINEN FREUD, 😢
DES ANDEREN LEID

ZUTATEN FÜR BEIDE KUCHEN

für den trauerkloß: grundrezept für rührkuchen # ganache # kugelbackform. ø 15 cm # 590 g fondant. davon 500 g
in gelb. 40 g in schwarz. 30 g in dunkelblau und 20 g in hellblau # zuckerkleber
für den zerschmetterten: grundrezept für rührkuchen # ganache # kugelbackform. ø 15 cm # 550 g fondant. davon 500 g
in gelb. 20 g in schwarz und 30 g in weiß # zuckerkleber

VORLAGEN SEITE 41

bereite die ganache (siehe seite 35) am vortag zu, damit sie über nacht gut durchziehen kann. am nächsten tag den rührteig wie auf seite 34 beschrieben zubereiten und den kuchen in der kugelbackform im vorgeheizten ofen ca. 45 minuten lang bei 175°c ober-/unterhitze backen. den kuchen in der form abkühlen lassen und überstehenden teig mit einem scharfen messer entfernen. danach stürzt du den kuchen aus der form und schneidest bei einer halbkugel eine kleine scheibe ab, sodass der kuchen später sicher stehen bleibt.

jetzt klebst du beide kugelhälften mit etwas ganache zusammen und bestreichst dann die ganze kugel mit einer weiteren dünnen schicht. stelle den kuchen 20 minuten kalt und streiche ihn anschließend mit einer weiteren schicht ein. erneut kaltstellen. diesen prozess wiederholen, bis die ganache aufgebraucht ist. hier gilt: je glatter der kuchen eingestrichen wird, desto ebener wird der fondantüberzug.

klingt logisch. und nun?

logo! nicht, dass er nachher noch von der bildfläche kugelt...

nun rollst du den gelben fondant auf etwas speise-stärke ca. 3–5 mm dick aus. hebe ihn vorsichtig an und lege ihn über den kuchen. mit den händen glatt streichen und an stellen, an denen sich falten bilden, vorsichtig auseinanderziehen. den überschüssigen fondant mit einem scharfen messer entfernen.

okay, verstanden. und wie bekommt der kuchen nun noch sein gesicht?

fertige von den einzelnen teilen schablonen an, lege sie auf den jeweils farblich passenden, dünn ausgerollten fondant und umfahre die umrisse mit einem scharfen messer. die gesichtszüge bringst du mit zuckerkleber auf dem kuchen an.

wow! das ist mal wirklich ein kuchen der anderen art!

heul

schluck

AUS EINS MACH NEUNZEHN

ZUTATEN FÜR 19 MUFFINS

grundrezept für vanillemuffins (2x) # papierförmchen in hellblau mit punkten # abgeriebene schale von 2 bio-zitronen # 150 g himbeermarmelade # 100 g fondant in braun # je 25 g fondant in rot und weiß # zuckerkleber # grundrezept für vanillefrosting (3x) # lebensmittelfarbe in gelb

VORLAGE SEITE 42

rühre den teig für die muffins wie auf seite 34 beschrieben an und gib die abgeriebene schale von einer bio-zitrone dazu. die muffins backen und auskühlen lassen.

und wofür ist die marmelade gedacht?

die marmelade wird in den fertig gebackenen muffin gefüllt. höhle dazu mit einem messer vorsichtig ein kleines loch in die oberfläche und gib etwas himbeermarmelade hinein.

mmhmmm, gute idee! und wie wird aus den einzelnen muffins nun ein großes ganzes?

fertige dir zunächst gemäß der vorlage eine schablone an. dann rollst du den braunen fondant aus und schneidest mithilfe deiner schablonen zwei augen und einen mund aus. aus weißem fondant die zähne und aus rotem fondant die zunge formen und mit etwas zuckerkleber auf dem mund anbringen. jetzt bereitest du das vanillefrosting zu und gibst den abrieb der zweiten zitrone sowie gelbe lebensmittelfarbe dazu. stelle die muffins eng zu einem großen kreis zusammen und streiche die entstandene fläche komplett mit frosting ein. zum schluss den mund und die augen auf die creme legen.

ein echter hingucker!

hmpf... kaum biste abgelenkt,
wirste kleiner...

MEIN NAME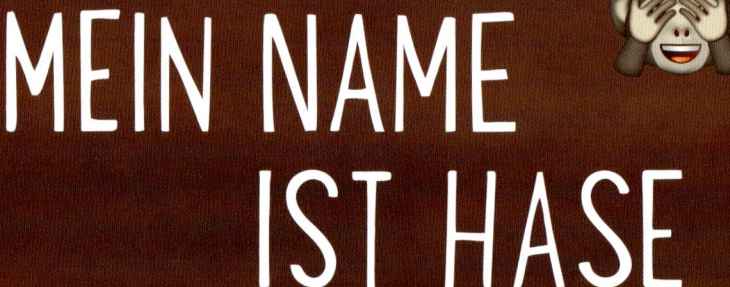
IST HASE

ZUTATEN FÜR 12 MUFFINS

grundrezept für schokomuffins # papierförmchen in weiß # vanillefrosting # 185 g fondant. davon 75 g in braun. 30 g in dunkelbraun. 20 g in rot und 50 g in weiß # zuckerkleber # spritzbeutel mit sterntülle (ø 2 cm)

VORLAGEN SEITE 43

als erstes backst du die schokomuffins nach grundre-zept (siehe seite 34) und bereitest das vanillefrosting zu (siehe seite 35). das frosting kalt stellen und die muffins auskühlen lassen.
kopiere die vorlagen und fertige von den einzelnen elementen schablonen an. rolle den braunen fondant dünn aus, lege die schablonen von kopf und armen darauf und umfahre die umrisse mit einem scharfen messer. den restlichen fondant mit etwas weißem fondant verkneten, sodass ein hellerer braunton entsteht, und wie beschrieben auch noch das gesicht und die pfoten ausschneiden.

für die ohren formst du aus dem restlichen hellbrau-nen fondant eine ca. 0,5 cm große kugel, drückst sie platt und halbierst sie mit einem scharfen messer. mit etwas zuckerkleber das gesicht auf dem kopf, die halbkreise an den ohren, die pfoten an den armen und schließlich die arme am kopf fixieren. die münder der affen modellierst du wie auf seite 39 beschrieben aus fondant in weiß, rot und dunkel-braun und klebst sie auf den gesichtern fest. aus dem verbliebenen dunkelbraunen fondant augen und nasenlöcher formen und ebenfalls auf dem gesicht anbringen.

aha – aber wie entstehen die details?

i like! und wie sehen die letzten schritte aus?

die finger deutest du mithilfe einer messerklingen-rückseite oder eines modellierwerkzeuges an.

das frosting in den spritzbeutel mit sterntülle füllen, aufspritzen und die affen drauflegen.

alles klar! und wie geht's weiter?

lala la...

pffff

hi hi

hi

🥲 HIER IST DEIN HERZBLATT

...so, liebe macaroni ~ jetzt musst du dich entscheiden...

bling

ZUTATEN FÜR 20 MACARONS

grundrezept für macarons # lebensmittelfarbe in gelb (pulver oder paste) # spritzbeutel mit runder tülle (ø 0.5 cm) # 50 g butter # 50 g puderzucker # mark einer vanilleschote # lebensmittelfarbpaste in schwarz, braun und gold # schnurrbärte aus zucker, ca. 1–2 cm lang # zuckerkleber # lebensmittelfarbpuder in rot # 30 g fondant in weiß # feiner und grober pinsel

VORLAGEN SEITE 43

bereite den teig wie im grundrezept angegeben vor (siehe seite 36) und färbe ihn mit der lebensmittelfarbe ein. dann spritzt du ca. 3 cm große kreise auf ein mit backpapier belegtes blech, lässt die macarons 30 minuten trocknen (wichtig!) und schiebst sie in den ofen.

das sieht schon mal gut aus. was kommt als nächstes?

jetzt die butter und den puderzucker mit dem rührgerät schaumig schlagen. sobald die masse cremig hell ist, das vanillemark unterrühren und die ausgekühlten macarons mit der creme füllen.
mit einem feinen pinsel und schwarzer lebensmittelfarbe die brille des intellektuellen emojis aufmalen, die augen und den mund mit braun hervorheben.

auch für den emoji mit bart die augen, augenbrauen und den mund in braun aufmalen und den zuckerbart mit etwas zuckerkleber anbringen. für den schüchternen emoji mit dem groben pinsel etwas farbpuder in rot aufnehmen und zwei wangen aufpudern. anschließend malst du mit einem feinen pinsel und brauner lebensmittelfarbe augen und mund auf. zum schluss für den selbstbewussten emoji aus weißem fondant den mund ausschneiden, aufkleben und antrocknen lassen. mit brauner farbe und einem feinen pinsel die augen aufmalen. zuletzt ergänzt du den goldzahn und die zähne.

fast zu schön, um vernascht zu werden!

ZUTATEN FÜR 12 CUPCAKES

grundrezept für schokomuffins # papierförmchen in dunkelbraun # schokofrosting # spritzbeutel mit großer lochtülle (ø 1.5 cm) # je 30 g fondant in weiß, braun und rot # zuckerkleber # 24 zuckeraugen

VORLAGE SEITE 42

backe als erstes die schokomuffins (siehe seite 34) und lasse sie auskühlen. dann bereitest du das schokofrosting vor, das rezept dazu findest du auf seite 35. das frosting kalt stellen.

und wie geht's weiter?

jetzt modellierst du aus dem braunen, weißen und roten fondant zwölf münder. rolle den fondant dafür dünn aus und schneide lange streifen in rot und weiß aus. die streifen mit etwas zuckerkleber auf den braunen fondant kleben, dabei einen schmalen spalt freilassen. nun stichst du mithilfe eines kleinen runden ausstechers (z. b. von einer lochtülle), der in etwa der größe der vorlage des mundes entspricht, kreise aus. halbiere diese mit einem scharfen messer, sodass münder mit zunge und zähnen entstehen.

und wie kommt nun das highlight auf das törtchen?

fülle das schokofrosting in einen spritzbeutel und spritze vorsichtig und mit gleichmäßigem druck einen hohen spiralförmigen tuff auf die muffins. dann setzt du auf jeden cupcake noch zwei zuckeraugen und einen mund auf.

sieht (fast) zum anbeißen aus.

HELDEN IN ROYAL ICING-STRUMPFHOSEN

ZUTATEN FÜR 20 KEKSE

grundrezept für kekse # 1 portion royal icing in gelb # 1 portion royal icing. davon ½ in schwarz. ¼ in rot und ¼ in weiß # lebensmittelfarbstift in schwarz # lebensmittelfarbe in gold # feiner pinsel # spritzbeutel mit sehr kleiner lochtülle (ca. ø 2 mm)

VORLAGEN SEITE 44

den keksteig nach grundrezept herstellen (siehe seite 34) und ca. 0,5 cm dick ausrollen. dann fertigst du von den emojis gemäß der vorlage schablonen an, legst sie auf den teig und umfährst die umrisse mit einem scharfen messer. die kekse vorsichtig ausschneiden und anschließend backen und auskühlen lassen.

alles klar! kommt jetzt dann noch etwas farbe ins spiel?

genau! mit dem royal icing in gelb fährst du zunächst die konturen der kekse nach (die arme, wenn vorhanden, nicht vergessen!). den rest mit 2–3 TL wasser verdünnen und die flächen großzügig ausfüllen. das icing mit einem zahnstocher bis an den rand streichen und die kekse mindestens 8 stunden lang trocknen lassen. beim schreienden emoji füllst du zuerst die arme aus, lässt diese 30 minuten antrocknen und ergänzt erst danach das gesicht.

verstehe, sonst verschwimmen die konturen.

für den zorro die maske und den mundumriss mit icing aufmalen und 30 minuten trocknen lassen. anschließend zähne und zunge aufmalen und mit schwarzem icing die augen auf der maske anbringen. für den emoji auf der rampe spritzt du den mund mit icing in schwarz auf, dabei eine lücke für die zunge lassen. das ganze 30 minuten trocknen lassen und die lücke mit rot ausfüllen. zum schluss die augen in weiß aufmalen und danach sofort die pupille aufsetzen.
für den pirat die augenklappe, das auge und den mundumriss aufmalen und 30 minuten trocknen lassen. dann den mund mit icing in weiß ausfüllen, 8 stunden trocknen lassen und danach die zähne mit dem stift und den goldzahn aufmalen.

ahoi, auf zum kekse-essen!

 ALLTAGSPROBLEME

Oskar Zweiauge
Ihr Brillenhändler

sorry,
nur für
zweiaugen

pfff   ???

ZUTATEN FÜR 20 CAKE BALLS

grundrezept für ½ rührkuchen # 2–3 EL marmelade, gelee oder nussnougatcreme # 300 g candymelts in gelb # 1 portion
royal icing, davon ⅓ in schwarz, ⅓ in braun und ⅓ in weiß # je 50 g fondant weiß, braun und rot # zuckerkleber
spritzbeutel mit kleiner lochtülle (ø 2 mm) # zahnstocher

VORLAGEN SEITE 46

backe zuallererst den rührkuchen (siehe seite 34) und lass ihn auskühlen. dann zerkrümelst du den fertigen kuchen mit den händen und verknetest die brösel nach belieben mit der marmelade, dem gelee oder der nussnougatcreme, bis eine feste masse entsteht. aus dem teig ca. 35 g schwere kugeln formen und für 30 minuten in den kühlschrank stellen.

ui, das ist sicher eine klebrige angelegenheit, die sich lohnt! wie geht's weiter?

jetzt die candymelts nach packungsanleitung schmelzen und die cake balls mithilfe einer gabel darin eintauchen, abtropfen lassen und auf ein brett setzen. die kugeln im kühlschrank fest werden lassen. in der zwischenzeit die vorlagen ausdrucken. die brillenvorlage in eine klarsichtfolie legen, die konturen mit royal icing in schwarz nachfahren und trocknen lassen. auf diese weise beliebig viele brillen herstellen. sobald die brillen trocken sind, vorsichtig von der folie lösen.

das ist ja easy! und nun?

jetzt modellierst du aus dem fondant wie auf seite 39 beschrieben gemäß der vorlage die münder. die augen malst du mit royal icing in weiß bzw. braun auf. kurz trocknen lassen und ggf. die pupillen aufsetzen. mit einem zahnstocher malst du die braune augenbraue und den mund auf. zum schluss auf die rückseite der brille etwas übrig gebliebenes royal icing geben und die brille so auf dem cake ball befestigen.

lecker! eine runde sache würde ich sagen!

ROCK 'N' ROLL

ZUTATEN FÜR 12 CUPCAKES

grundrezept für schokomuffins # papierförmchen in schwarz-metallic # 100 g + 75 g erdnussbutter # vanillefrosting # 400 g fondant. davon 200 g in gelb. 70 g in braun. 70 g in rot. 40 g in weiß und 20 g in schwarz # lebensmittelfarbe in weiß # runder ausstecher (ø 7 cm) # zuckerkleber # feiner pinsel

VORLAGEN SEITE 45

backe die schokomuffins wie auf seite 34 beschrieben. in der zwischenzeit kopierst du die vorlagen und fertigst von den einzelnen elementen schablonen an. die muffins auskühlen lassen.
schneide mit einem spitzen messer eine kleine aushöhlung in die muffinoberfläche und fülle die löcher mit ca. 100 g erdnussbutter.

schokolade und erdnussbutter in kombi – leckerschmecker! und dann?

dann bereitest du das vanillefrosting zu (siehe seite 35) und mixt zum schluss 75 g erdnussbutter unter. auf jeden muffin etwas frosting geben und kuppelförmig verstreichen. rolle den fondant 3 mm dick aus und stich zwölf kreise aus. je einen fondantkreis auf die mit creme bestrichenen muffins geben und glattstreichen. die basis für die emojis ist damit fertig. mit den angegebenen zutaten kannst du nun einen rockstar, drei groupies, drei schlafende und fünf begeisterte fans verzieren.

soweit, so gut. was muss ich beim gestalten der gesichter beachten?

fertige hierfür erst einmal wie auf seite 39 beschrieben neun münder an. für die augen zwölf erbsengroße kugeln aus braunem fondant formen, diese zu platten ovalen modellieren und mit einem scharfen messer kleine dreiecke einschneiden.
für den rockstar einen schwarzen stern gemäß der vorlage zuschneiden und diesen sowie augen und mund mit zuckerkleber auf dem gesicht anbringen. für die groupies sechs herzen aus rotem fondant formen und gemeinsam mit dem mund als augen anbringen. mit einem feinen pinsel und weißer lebensmittelfarbe die reflexion in die augen malen. für die gelangweilten zuschauer augen, mund und augenbrauen aus braunem fondant modellieren, anschließend drei „z" in verschiedenen größen aus rotem fondant formen und alle teile ebenfalls festkleben. bei den verbliebenen fünf fans gemäß der vorlage augen und mund anbringen.

coole sache! damit lande ich bestimmt einen hit auf der nächsten party!

bravo!

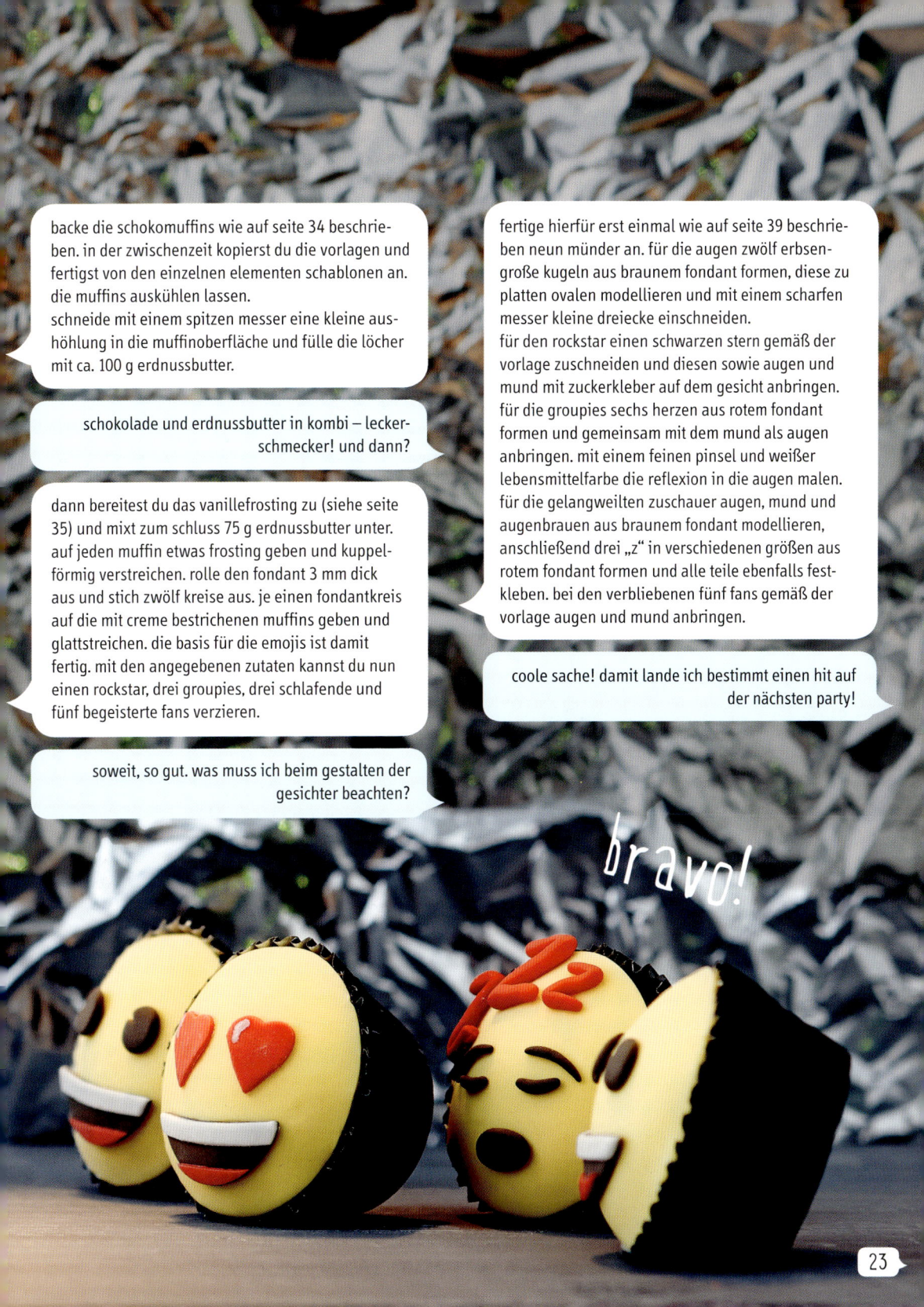

KUCHEN
MIT SCHUSS

ZUTATEN FÜR EINEN KUCHEN

grundrezept für rührkuchen # 200 ml + 25 ml eierlikör # vanillefrosting # ganache # 850 g fondant. davon 700 g in gelb. 50 g in braun. 50 g in blau. 40 g in rot und 10 g in rosa # zuckerkleber

VORLAGE SEITE 46

bereite die ganache (siehe seite 35) am vortag zu, damit sie über nacht gut durchziehen kann. am nächsten tag den rührkuchen mit 200 ml eierlikör nach grundrezept backen. den teig dabei auf zwei kleine springformen verteilen (ø 18 cm). die kuchen auskühlen lassen und waagrecht halbieren, sodass vier böden entstehen.

yummy! schmausen auf mehreren ebenen. wie werden die böden denn miteinander verbunden?

bereite ein vanillefrosting wie auf seite 35 beschrieben zu. anstelle der milch verwendest du jedoch 25 ml eierlikör. ein drittel des frostings auf den ersten boden geben und verstreichen. den zweiten boden auf den ersten setzen und wie beschrieben fortfahren. mit dem vierten boden abschließen. den gefüllten kuchen 30 minuten kalt stellen.
jetzt den kuchen mit der ganache einstreichen und 20 minuten kalt stellen. danach eine weitere schicht auftragen, kühl stellen und so fortfahren, bis die ganache aufgebraucht ist. hier gilt: je glatter der kuchen eingestrichen wird, desto ebener wird der fondantüberzug.

klingt logisch.

rolle den gelben fondant ca. 3–5 mm dick aus und lege ihn vorsichtig über den kuchen. alles glatt streichen und stellen, an denen sich falten bilden, vorsichtig auseinanderziehen. überschüssigen fondant entfernst du mit einem scharfen messer.
fertige schablonen von augen, brauen, mund und zunge an und schneide die augen und die zunge aus blauem bzw. rotem fondant mit einem messer zu.
den rosa fondant zwischen den händen zu einer 4 cm langen rolle formen und diese auf die zunge kleben.
aus dem restlichen fondant in gelb ebenfalls zwei lange rollen formen und diese als spirale auf die augen kleben. zum schluss modellierst du noch den mund und die brauen und bringst alle teile mit etwas zuckerkleber auf dem kuchen an.

na dann: prost!

hicks

HIMMLISCH SÜSS 😇
UND FEURIG SCHARF

ZUTATEN FÜR JE 9 STÜCK

für die brownies: 150 g mehl # 30 g kakaopulver # ½ TL salz # ½ TL backpulver # 125 g brauner zucker # 125 g weißer zucker # 3 eier # 150 g geschmolzene butter # 150 g gehackte schokolade # 75 g walnüsse # 2 chilischoten (kleinge-schnitten) # runder ausstecher (ø 5 cm)

für die macadamia-blondies: 180 g mehl # ½ TL backpulver # 125 g brauner zucker # 125 g weißer zucker # 2 EL bourbon-vanillezucker # 3 eier # 150 g geschmolzene butter # 150 g gehackte weiße schokolade # 75 g gesalzene macadamianüsse # runder ausstecher (ø 5 cm)

für die deko: 200 g fondant. davon 100 g in gelb. 25 g in braun. 25 g in weiß. 25 g in rot und 25 g in blau # runder ausste-cher (ø 4 cm) # lebensmittelfarbe in schwarz. gold und braun # zuckerkleber # feiner pinsel # 150 g geschlagene sahne

VORLAGEN SEITE 47

für die brownies bzw. blondies alle zutaten (bis auf die schokolade und die nüsse) gut verrühren. anschließend die nüsse und die schokolade grob unterrühren. den teig jeweils in eine gefettete form (ca. 20 x 20 cm) geben und im vorgeheizten ofen bei 180 °c ober-/unterhitze ca. 20 minuten backen.

okay, man sieht schon jetzt einen unterschied. was kommt als nächstes?

fertige während des backens von den einzelnen elementen gemäß der vorlagen schablonen an. den gelben fondant dünn ausrollen und achtzehn kreise ausstechen. für die augen 36 kleine ovale aus brau-nem fondant formen, das untere drittel abschneiden und mit einem scharfen messer kleine dreiecke einschneiden.

für die engelchen modellierst du nun aus braunem, rotem und weißem fondant wie auf seite 39 be-schrieben neun münder mit zähnen und zunge. dann lange, dünne rollen in blau für die heiligenscheine anfertigen. alle teile mit zuckerkleber anbringen. für die teufelchen achtzehn kleine hörner in rot und neun münder in weiß anfertigen. die zähne malst du mit einem feinen pinsel und schwarzer lebensmit-telfarbe auf. ergänze den goldzahn, sobald die farbe getrocknet ist. alle teile mit zuckerkleber aufkleben und die braunen augenbrauen vorsichtig aufmalen.

und wie wird das ganze nun serviert?

stich mit dem ausstecher kreise aus den brownies und blondies aus. kurz vor dem servieren gibst du etwas geschlagene sahne darauf und setzt die engel auf die macadamia-blondies und die teufel auf die chili-brownies. durch die sahne lösen sich die fondant-topper nach kurzer zeit auf und die farben beginnen zu verlaufen. die brownies und blondies sollten deshalb zeitnah gegessen werden.

hört sich himmlisch an!

halleluja

ich bin definitiv

eine sünde

w ert

unbreak
my heart

I LOVE MACARONS

ZUTATEN FÜR 20 MACARONS

grundrezept für macarons # lebensmittelfärbe in rot (pulver oder paste) # spritzbeutel mit lochtülle (ø 5 mm) # 50 g butter # 50 g puderzucker # 1 EL erdbeermarmelade # 50 g fondant in gelb # silikonform für schleifen # zuckerkleber

VORLAGE SEITE 46

VORLAGE SEITE 46

bereite zuerst den teig für die macarons wie auf seite 36 beschrieben zu und färbe ihn mit roter lebensmittelfarbe ein. dann die vorlage mehrmals auf die rückseite des backpapiers malen, das papier aufs blech legen und die macarons herzförmig aufspritzen. lass die macarons 30 minuten ruhen. anschließend bei 145 °c im vorgeheizten backofen backen und auskühlen lassen.

wow, das ist ja einfacher, als es aussieht. und dann?

jetzt schlägst du die butter und den puderzucker mit dem rührgerät schaumig. sobald die masse cremig hell ist, rührst du die marmelade unter und füllst die macarons anschließend mit der creme.

yummy!

für die herz-macarons mit schleife etwas gelben fondant in die vertiefung der silikonform drücken und antrocknen lassen. besonders schnell geht das, wenn du die form für eine minute ins eisfach stellst. schneide den überflüssigen fondant mit einem scharfen messer ab und stelle die form noch einmal ins eisfach. danach lassen sich die schleifen ganz leicht aus der form lösen.

den restlichen fondant dünn ausrollen und mit einem scharfen messer 0,5 cm breite und 7 cm lange streifen zurechtschneiden. das werden die bänder. klebe sie mit etwas zuckerkleber wie abgebildet auf die macarons und schneide die überstehenden ränder ab. zum schluss die schleifen ebenfalls mit zuckerkleber auf den bändern festkleben.

herzallerliebst!

AUF DIE DEUTSCH-AMERIKANISCHE FREUNDSCHAFT

ZUTATEN FÜR CA. 12 AMERIKANER

125 g weiche butter # 100 g zucker # 1 pck. vanillezucker # 1 prise salz # 2 eier # 70 ml buttermilch # 250 g mehl # 50 g speisestärke # 2 TL backpulver # 1 portion royal icing in gelb # 1 portion royal icing. davon ¼ in rot. ¼ in weiß. ⅙ in blau. ⅙ in schwarz und ⅙ in braun # weiße zuckersterne # spritzbeutel mit kleiner lochtülle (ø 2 mm)

VORLAGEN SEITE 47

zuerst schlägst du die weiche butter schön cremig. dann zucker, vanillezucker und salz dazugeben. die eier anschließend nacheinander unterrühren. mische das mehl, die speisestärke und das backpulver miteinander und rühre die zutaten im wechsel mit der buttermilch unter den teig.

ich sehe kennedy schon vor mir... wie geht's weiter?

forme mit feuchten händen aus dem teig beliebig viele herzen und kreise und lege sie auf ein mit backpapier belegtes blech. im vorgeheizten ofen bei 180°c ober-/unterhitze ca. 10–12 minuten lang backen.

jetzt malst du mit etwas royal icing die umrisse von kennedy und den unteren streifen der deutschlandflagge in gelb auf. kurz antrocknen lassen. das restliche gelbe royal icing mit 2–3 TL wasser verrühren und die konturen damit ausfüllen. sobald das icing trocken ist, kannst du die augen, die brauen und den mund mit dem braunen icing aufmalen.

und nun?

jfk, wie er leibt und lebt!

für die usa-flagge den umriss des oberen linken vier-
tels mit blauem royal icing umfahren. den rest des
herzes mit weißem icing umranden und die konturen
der rot-weißen streifen vormalen. verrühre das blaue
und weiße icing mit je 1 TL wasser und male die
flächen aus. auf die noch feuchte blaue fläche legst
du weiße zuckersterne.
für die deutsche flagge mit rotem und schwarzem
royal icing die konturen der noch fehlenden Streifen
umranden, beide farben mit 1TL wasser verdünnen
und die flächen ausfüllen. mit dem roten royal icing
ebenso die roten streifen der amerikanischen fahne
ausfüllen. fertig!

es lebe die deutsch-amerikanische freundschaft!

ish bin ein bearleener!

ik ooch?!?

TEIGSCHABER

ist hilfreich, um auch noch den letzten rest teig aus der schüssel zu kratzen.

FONDANTGLÄTTER

eignet sich hervorragend, um fondant gleichmäßig zu glätten.

PALETTENMESSER

für den sicheren transport von ausgestochenen formen.

TÜLLEN

zum aufspritzen von crems, royal icing usw.

RUNDE AUSSTECHER

zum ausstechen von keksen, brownies und co.

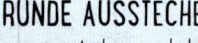

CUTTER ODER MESSER

zum zuschneiden von teig und fondnat.

SILIKON-PRÄGEFORM UND AUSSTANZER

sind gute hilfsmittel, um kompliziertere details schnell und einfach anzufertigen.

ZUCKERDEKO
zum verzieren der emojis

LEBENSMITTELFARBPASTE UND -PUDER
können ebenfalls zum einfärben von fondant etc. verwendet werden.

PINSEL IN VERSCHIEDENEN STÄRKEN
sind hilfreich, um gesichter aufzumalen.

WERKZEUGE UND MATERIALIEN
diese materialien und zutaten sind beim backen der emojis besonders hilfreich:

LEBENSMITTELFARBEN
zum einfärben von fondant, royal icing usw.

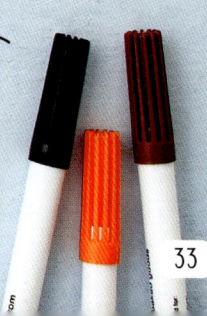

LEBENSMITTELSTIFTE
zum aufmalen von details.

RÜHRKUCHEN

ZUTATEN

4 eier # 200 g zucker # 1 pck. vanillezucker # 200 ml neutrales öl # 200 ml milch # 300 g mehl # 1 pck. backpulver

1 gib die eier, den zucker und den vanillezucker in eine schüssel und schlage alles schön schaumig, bis sich das volumen der masse ungefähr verdoppelt hat.

2 jetzt das öl und die milch unter rühren langsam dazugießen.

3 das mehl und das backpulver sieben und vorsichtig unter den teig heben.

4 fülle den teig in eine springform und backe den kuchen im vorgeheizten ofen bei 175 °c ober-/unterhitze ca. 30 minuten lang.

5 lass den kuchen vor dem weiterverarbeiten immer gut auskühlen.

KEKSE

ZUTATEN

125 g butter # 125 g zucker # 1 ei # 250 g mehl

1 alle zutaten in eine schüssel geben und zu einem geschmeidigen teig verkneten. anschließend stellst du ihn in den kühlschrank und lässt ihn etwa eine stunde ruhen.

2 gib etwas mehl auf deine arbeitsfläche und rolle den teig ca. 0,5 cm dick aus.

3 nun stichst du mit einem ausstecher in der angegebenen größe die kekse aus.

4 im vorgeheizten ofen bei 175 °c ober-/unterhitze ungefähr 10 minuten backen und auskühlen lassen.

MUFFINS

ZUTATEN

150 g weiche butter # 150 g zucker # 1 pck. vanillezucker # 1 prise salz # 2 eier # 190 g mehl # 1 TL backpulver # ½ TL natron # 1-2 EL milch

1 die butter mit dem zucker, dem vanillezucker und dem salz schaumig rühren. die eier nacheinander dazugeben und unterrühren.

2 mische das mehl, das backpulver und das natron und rühre das ganze in zwei portionen unter den teig.

3 zum schluss gibst du noch die milch dazu und füllst den teig in ein mit papierförmchen ausgelegtes muffinblech.

4 im vorgeheizten ofen bei 170 °c ober-/unterhitze ca. 20 minuten lang backen.

5 wenn du lieber schokomuffins machen möchtest, ersetzt du 30 g mehl durch kakaopulver und gibst dieses gemeinsam mit der mehlmischung in den teig.

FROSTING

ZUTATEN

für vanillefrosting: 250 g puderzucker # 80 g weiche butter # 25 ml milch # 2-3 TL vanilleextrakt (alternativ 1 pck. vanillezucker)

für schokofrosting: 300 g puderzucker # 100 g weiche butter # 40g kakaopulver # 40 ml milch

1 den puderzucker, die butter (und das kakaopulver) auf niedriger stufe mit dem handrührgerät gut vermengen.

2 dann die milch (und das vanilleextrakt) dazugeben und auf höchster stufe ca. 5 minuten mixen, bis das frosting schön luftig und cremig ist.

ROYAL ICING

ZUTATEN

1 eiweiß # 250 g puderzucker # ggf. lebensmittelfarbe

1 das eiweiß mit dem mixer schaumig schlagen. den puderzucker schritt für schritt dazugeben und so lange weiterrühren, bis der puderzucker gut eingearbeitet ist. nun hat das icing die richtige konsistenz, damit du konturen aufspritzen kannst.

2 gib das icing in einen spritzbeutel mit kleiner lochtülle und verteile die masse mit gleichmäßigem druck an den gewünschten stellen.

3 um die konturen anschließend auszufüllen, musst du das icing etwas verdünnen. dazu vorsichtig 2–3 TL wasser unterrühren. das icing sollte gerade so flüssig sein, dass es wie ein band vom löffel fließt. gib nun eine großzügige menge icing auf den keks und bestreiche die entsprechende stelle mithilfe eines zahnstochers.

GANACHE

ZUTATEN

300 g vollmilchschokolade # 100 g sahne

1 hacke die schokolade in kleine stücke und gib das ganze in eine große schüssel.

2 die sahne in einem kleinen topf langsam erhitzen (nicht kochen!) und über die schokolade gießen. so

lange rühren, bis sich die schokolade in der heißen sahne aufgelöst hat.

3 lass die ganache auskühlen, bevor du sie zum beispiel zum einstreichen von kuchen verwendest.

MACARONS

ZUTATEN FÜR CA. 20 STÜCK

40 g gemahlene mandeln (geschält) # 65 g puderzucker # 32 g eiweiß # 9 g zucker
lebensmittelfarbe (pulver oder paste, keine flüssige lebensmittelfarbe!)

1 die mandeln und den puderzucker mischen und in einem blender oder einer kaffeemühle noch feiner mahlen. gib die mandel-puderzucker-mischung durch ein feines sieb und mahle die gröberen stückchen, die nicht durch das sieb gehen, noch einmal mit dem blender.

2 jetzt das eiweiß mit dem handrührgerät aufschlagen, bis es weiß und schaumig ist. dann den zucker einstreuen und weiterrühren, bis der eischnee fest wird. nach bedarf kannst du nun noch etwas lebensmittelfarbe dazugeben und weitermixen, bis die masse gleichmäßig eingefärbt ist.

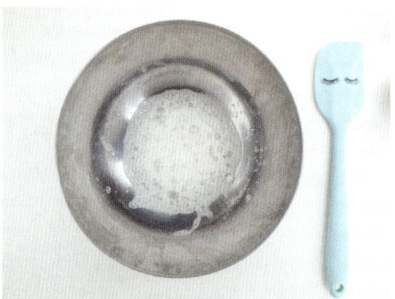

3 hebe die mandel-puderzucker-mischung in drei portionen unter den eischnee. dabei mit einem teigschaber in kreisenden bewegungen vorsichtig rühren. die masse ist fertig, wenn sie glänzt und wie ein band vom teigschaber fließt. nun brauchst du nicht mehr weiterrühren.

4 fülle die masse in einen spritzbeutel mit lochtülle (ca. ø 5 mm) und spritze kreise oder die gewünschte form auf ein mit backpapier belegtes backblech. lass dabei ausreichend abstand.

5 das blech nun ein paar mal auf die arbeitsplatte schlagen, damit überschüssige luft entweichen kann. die macarons für 30 minuten ruhen lassen.

6 heize den ofen auf 145 °c ober-/unterhitze vor und backe die macarons für 14–16 minuten. die macarons auf dem backblech auskühlen lassen und anschließend vorsichtig vom backpapier lösen.

ARBEITEN MIT FONDANT

1 fondant ist eine weiche zuckermasse, die zur verzierung von backwaren verwendet wird. mittlerweile gibt es fondant in jedem größeren supermarkt zu kaufen. das arbeiten mit fondant ist ganz simpel. knete ihn vor der verarbeitung zunächst mit den händen weich. sollte er dabei kleben, gibst du etwas speisestärke hinzu. ist er zu trocken, fettest du deine hände mit etwas kokosfett ein und knetest weiter.

2 fondantreste kannst du in frischhaltefolie verpackt bis zum ende des haltbarkeitsdatums aufbewahren. wenn du mit farbigem fondant arbeiten möchtest, kannst du ihn mit jeglicher art von lebensmittelfarbe einfärben. es reicht schon, wenn du nur ganz wenig farbe mit einarbeitest.

ARBEITEN MIT ZUCKERKLEBER

zuckerkleber ist ein durchsichtiger kleber, der sich sehr gut zum dekorieren von backwaren eignet, da er keine spuren hinterlässt. du kannst ihn entweder im fachhandel fertig kaufen oder selbst herstellen. dafür benötigst du:

100 ml abgekochtes wasser # ½ TL cmc pulver (fachhandel) # schraubglas

1 fülle zwei drittel des abgekühlten wassers und das cmc pulver in ein schraubglas, verschließe es und schüttle das gemisch kräftig durch. das ganze wird nun ziemlich klumpig sein, doch nach ein paar stunden sind die klumpen verschwunden. den kleber kannst du bis zu drei wochen im kühlschrank lagern.

2 bei der verwendung von zuckerkleber reicht schon eine sehr dünne schicht. mit einem feinen pinsel etwas kleber auftragen, die dekoration leicht andrücken und kurz trocknen lassen. je mehr kleber du aufträgst, desto länger dauert das trocknen.

MÜNDER MODELLIEREN

1 prinzipiell fertigst du den mund eines emojis immer auf dieselbe art und weise an: zunächst fondant in den entsprechenden farben dünn ausrollen. anschließend aus dem roten und weißen fondant lange streifen zurechtschneiden und diese mit etwas zuckerkleber auf den braunen fondant kleben, dabei einen schmalen spalt frei lassen.

2 mithilfe eines kleinen runden ausstechers (z. b. einer lochtülle), der in etwa der größe der vorlage entspricht, kreise ausstechen und diese mit einem scharfen messer halbieren, sodass münder mit zunge und zähnen entstehen.

VORLAGEN

damit sich deine kuchen-gelüste nicht deiner stimmung
anpassen müssen, zeigt dir diese tabelle, auf welche größe
du die vorlagen der jeweiligen gebäcke vergrößern musst.
somit kannst du jeden emoji beliebig verwenden.

kekse:	7,5 cm
3d-kuchen:	15 cm
cupcakes:	7 cm
pull apart-kuchen:	33 cm
cake pops und cake balls:	4 cm
macarons:	3-4 cm
mehrstöckiger kuchen:	18 cm
brownies und blondies:	4 cm
amerikaner:	7 cm

die größenangaben der im folgenden abgebildeten
vorlagen entsprechen jeweils den vorne gezeigten
rezepten im buch.

SOMMER. SONNE. URLAUBSFEELING
seite 4/5
vorlage auf 150% vergrößern

SÜSSER KATZENJAMMER
seite 6/7

DES EINEN FREUD, DES ANDEREN LEID
seite 8/9
vorlage auf 200% vergrößern

AUS EINS MACH NEUNZEHN
seite 10/11
vorlage auf 250% vergrößern

VOLL DANEBEN
seite 16/17

MEIN NAME IST HASE
seite 12/13
vorlage auf 150% vergrößern

HIER IST DEIN HERZBLATT
seite 14/15

HELDEN IN ROYAL ICING-STRUMPFHOSEN
seite 18/19

ROCK 'N' ROLL
seite 22/23

ALLTAGSPROBLEME
seite 20/21

KUCHEN MIT SCHUSS
seite 24/25
vorlage auf 200% vergrößern

I LOVE MACARONS
seite 28/29